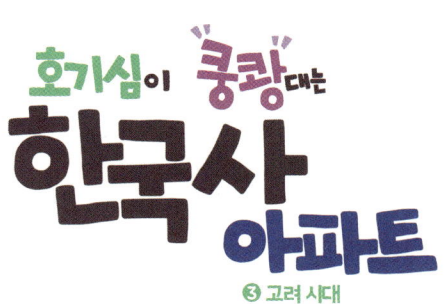

호기심이 쿵쾅대는
한국사 아파트 ❸ 고려 시대

지은이 윤희진
펴낸이 정규도
펴낸곳 (주)다락원

초판 1쇄 발행 2018년 10월 22일
   2쇄 발행 2021년 5월 20일

편집총괄 최운선
책임편집 박현혜, 조선영
디자인 김성희, 이승현
일러스트 신혜진

다락원 경기도 파주시 문발로 211
내용문의 (02) 736-2031 내선 276
구입문의 (02) 736-2031 내선 250~252
Fax (02) 732-2037
출판등록 1977년 9월 16일 제406-2008-000007호

Copyright ⓒ 2018, 윤희진

저자 및 출판사의 허락 없이 이 책의 일부 또는 전부를 무단 복제·전재·발췌할 수 없습니다. 구입 후 철회는 회사 내규에 부합하는 경우에 가능하므로 구입문의처에 문의하시기 바랍니다. 분실·파손 등에 따른 소비자 피해에 대해서는 공정거래위원회에서 고시한 소비자 분쟁 해결 기준에 따라 보상 가능합니다. 잘못된 책은 바꿔 드립니다.

ISBN 978-89-277-4721-5 74900
ISBN 978-89-277-4688-1 74900(세트)

http://www.darakwon.co.kr
다락원 홈페이지를 통해 인터넷 주문을 하시면 자세한 정보와 함께 다양한 혜택을 받으실 수 있습니다.

호기심이 쿵쾅대는 한국사 아파트

③ 고려 시대

글 윤희진

그림 신혜진
감수 김태훈

다락원

차례

| 501호 | 고려 시대: 삘릴리!삘릴리! 철썩!철썩! 사각!사각! 펑!펑! … 6 |

고려 시대: 소리의 정체 …………………………… 14

고려 시대의 보다 자세한 이야기 ………………… 24

호기심의 한국사 노트 고려 시대 ……………………… 112

안녕! 내 이름은 **기심**이야. **호기심!**

내가 사는 **아파트**엔
다양한 사람들이 살고 있어.
어떤 사람이 사는지 **궁금**하지만,
알지는 못해.

그런데 우리 아파트에서는 매일 다른 **소리**가 나.
도대체 **누가? 왜?**
그런 소리를 내는 걸까?

아! 도저히 못 참겠어.
소리의 정체가 무엇인지
우리 한번 찾아가 보자!

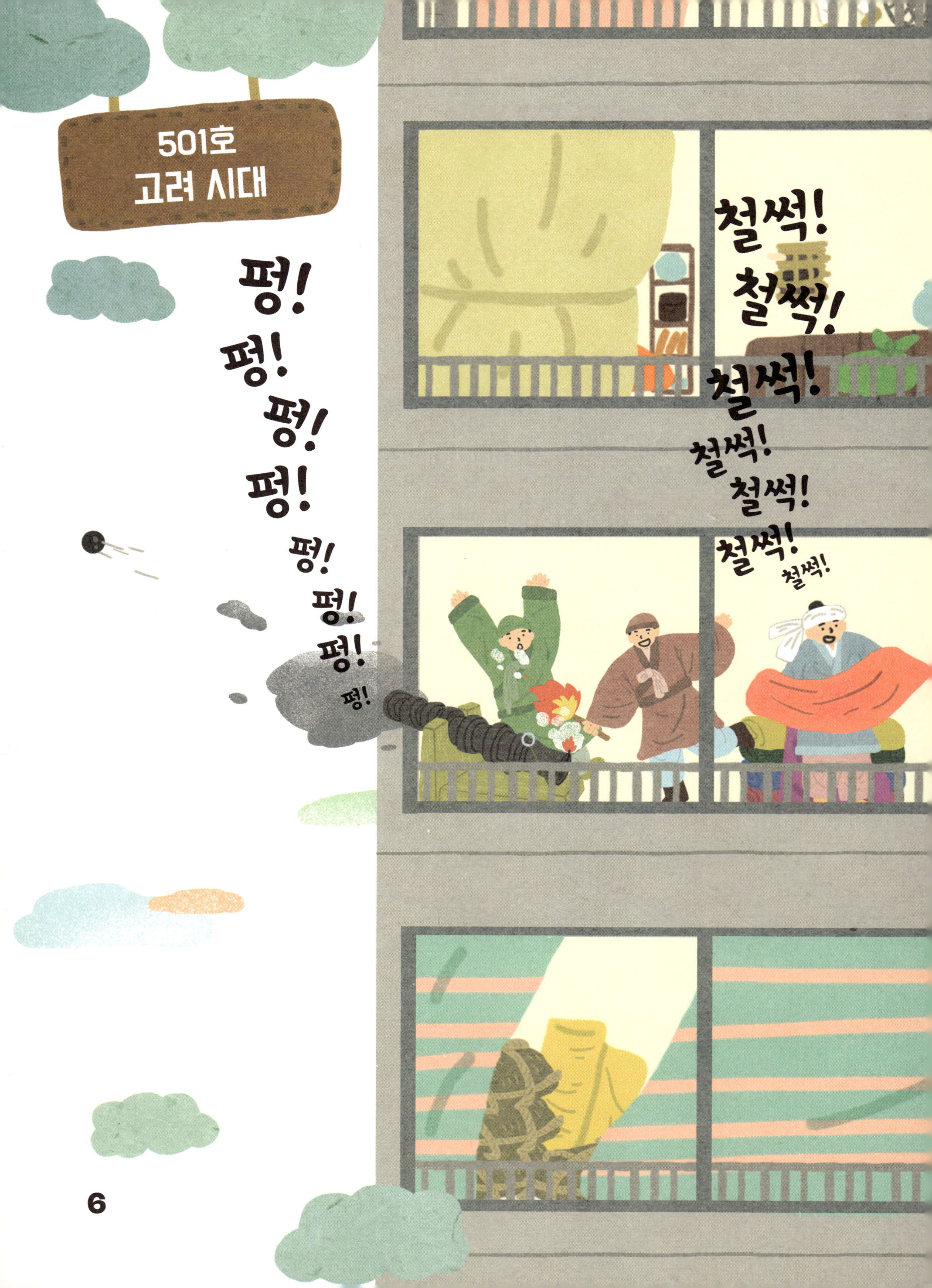

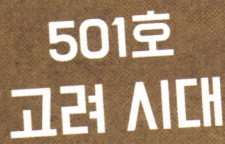

501호
고려 시대

삘릴리! 삘릴리!　　　　철썩! 철썩!

휴, 우리 아파트는 왜 이렇게 **시끄러울까?**
신기하게 내가 **역사책**만 읽으려고 하면 이런다니까.
도대체 누가 살길래 이런 **이상한 소리**를 내는 거지?

사각! 사각!　　　　　　　　펑! 펑!

안 되겠다. 아, 궁금해.
한번 찾아가 볼까!

딩동! 딩동!

"누구세요?"

"전 이 아파트에 사는 기심이라고 하는데요, 호기심요. 저……."

"아, 반가워. 들어와."

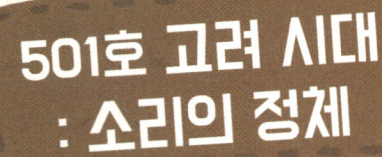
501호 고려 시대
: 소리의 정체

삘릴리! 삘릴리!

고려인들이 악기를 연주하며 공연하는 소리였구나!

무슨 일이길래 저리도 **멋진 공연을** 하는 걸까?

철썩! 철썩!

바다를 건너온 수많은 배가 벽란도로 들어오는 소리였네!

저거였어!

그런데 **무슨 배가 들어오길래** 이렇게 많은 사람들이 모여 있지?

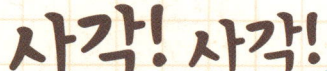
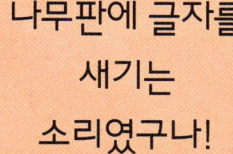
나무판에 글자를 새기는 소리였구나!

아하~

무슨 **글자**를 저렇게 정성스럽게 **새기는** 거야?

펑! 펑!
화약이 터지는 소리였네!

그렇구나!

그런데 왜 저 사람은 **화약**을 **터뜨리면서** 기뻐하는 거지?

15

삘릴리! 삘릴리!

팔관회가 열리고 있네요.

개경에서 음력 11월 15일에 열렸던 팔관회는 고려의 가장 큰 축제예요.
부처님을 비롯한 여러 신에게 나라가 평안하기를 비는 자리였죠.
왕 앞에서 음악과 무용, 재주놀이 등의 공연이 펼쳐졌고,
참석한 사람들에게 음식과 술, 차를 대접했어요.
각 지방의 관리들은 물론 송나라 상인과 여진족 대표도
팔관회를 축하하며 왕에게 선물을 바쳤고요.
지금은 설날과 추석이 가장 큰 명절이지만, 이때만큼 큰 축제를 벌이지는 않지요.
온 백성이 즐기는 축제이다 보니 큰 시장이 열리기도 했어요.
시장에서 송나라와 여진, 그리고 아라비아에서 온
신기한 물건들도 살 수 있었죠.
삘릴리! 삘릴리!
이 소리는 고려인들이 악기를 연주하며
즐거운 축제를 즐기는 소리랍니다.

철썩! 철썩!

신기한 물건을 가득 실은 배가 벽란도로 들어오고 있어요.

송나라 배에는 고려에서 인기가 아주 많은 비단, 차, 약재 등이 실려 있어요.
신기한 물건을 잔뜩 실은 아라비아 배도 보이고요.
고려의 상인들이 외국에서 온 좋은 물건을 사기 위해 벽란도에 모여 있네요.
예성강가에 위치한 벽란도는 고려의 수도인 개경으로 가는 길목에 있어서
송나라의 배뿐만 아니라 일본, 동남아시아, 아라비아의 배들도
귀한 물건을 싣고 드나들었어요.
이 항구를 통해 외국의 신기한 물건들이 들어오고,
고려의 특산품들이 팔려나간 거예요.
인터넷이나 비행기가 없던 시절에는 배를 통해
외국의 물건들과 소식을 가장 빨리 접할 수 있었지요.
이곳을 드나들던 외국 상인들이 고려를 '꼬레'라고 부르면서
우리나라의 이름은 '코리아'가 되었던 거래요.
철썩! 철썩!
이 소리는 새로운 세계의 물건을 전해 주러 온
큰 배들이 벽란도에 드나드는 소리랍니다.

사각! 사각!

대장경을 나무판에 새기고 있네요.

부처님의 말씀을 모은 불교 경전을 대장경이라고 해요.
고려 현종 때 만들어진 초조대장경이 몽골의 침입으로 불에 타자,
고려는 다시 대장경을 만들었어요.
백성의 마음을 하나로 모으고, 부처님의 힘으로 몽골을 물리치기를 바라면서요.
지금은 컴퓨터로 글을 써서 프린터로 인쇄할 수 있지만,
고려 시대에는 직접 붓으로 베껴 쓰거나
나무에 글자를 조각한 후 먹물을 묻혀 찍어 내는 방법으로 책을 만들었어요.
오랜 시간과 많은 정성이 드는 힘든 작업이었지요.
하지만 고려는 종이와 인쇄 기술이 발달하여 팔만 개가 넘는 나무판에
부처님의 말씀을 일일이 조각하는 엄청난 일을 할 수 있었던 거예요.
이때 만들어진 대장경을 팔만대장경이라고 해요.
현재에도 해인사에 보관되어 있지요.
사각! 사각!
이 소리는 고려인들이 온 마음을 다해
대장경을 나무판에 조각하는 소리랍니다.

펑! 펑!

최무선이 화약 실험을 하고 있어요.

고려 말 왜구의 침입으로 많은 백성이 힘들어했어요.
왜구들이 배를 타고 쳐들어와 사람을 마구 죽이고 식량을 빼앗아 갔거든요.
당시 고려의 무기는 활과 칼뿐이어서
배를 타고 왔다가 빠른 속도로 도망가는 왜구를 막아 내기 어려웠어요.
그러자 최무선은 화약을 만들어야겠다고 생각했어요.
화약은 그 당시 최첨단 무기였거든요.
지금의 미사일이나 대포처럼요.
이미 중국에서는 화약을 사용하고 있었지만,
그 방법을 절대로 알려주지 않았어요.
그래서 최무선은 수많은 실험을 통해 마침내 화약을 만들어 냈지요.
펑! 펑!
이 소리는 최무선이 왜구를 물리치기 위해
화약을 만들며 실험하던 소리랍니다.

501호
고려 시대의 보다 자세한 이야기

후백제와 후고구려의 경쟁

후백제를 세운 견훤과 후고구려를 세운 궁예는
차츰 세력을 넓혀가며 경쟁했어요.
이때 이미 신라는 두 나라를 막을 힘이 없었어요.
땅 대부분을 후백제와 후고구려에 내주고,
경상도 일대만 겨우 유지하고 있었지요.

고려를 세운 왕건

후고구려의 힘이 세지자
궁예는 사람의 마음을 꿰뚫어 볼 수 있는 능력이 있다고 주장하면서
자신의 의견에 반대하는 사람들을 거침없이 죽였어요.
그러자 위협을 느낀 사람들이 왕건을 받들며 궁예를 몰아냈지요.
왕건은 왕위에 오른 뒤, 나라 이름을 고려라 했어요.

백성의 마음을 얻은 왕건

왕위에 오른 왕건은 백성의 마음을 얻는 것이 가장 중요하다는 것을 알았어요.
궁예는 강한 힘으로 사람들을 움직였기 때문에 적이 많았거든요.
왕건은 현명한 신하를 뽑아 신하의 바른말에 귀 기울이고,
나랏일을 할 때나 상과 벌을 줄 때도 공평한 태도를 유지했어요.
또한, 백성을 존중하여 세금을 함부로 거두지 않았죠.
그렇게 차츰 민심을 얻었어요.

신라의 항복

후백제와 신라는 사이가 좋지 않았어요.
견훤이 신라를 공격하자 신라의 왕이 스스로 목숨을 끊은 적도 있어요.
하지만 왕건은 신라를 돕기 위해 후백제와 전투를 벌이기도 했지요.
신라의 경순왕은 쇠약해진 나라를 유지할 수 없다고 판단하고,
스스로 고려에 항복했어요.
왕건은 경순왕에게 벼슬을 주고, 그의 조카딸을 왕비로 맞아들였어요.

스스로 무너진 후백제

후백제에서는 견훤의 아들들이 치열한 왕위 다툼을 벌였어요.
견훤이 넷째 아들인 금강에게 왕위를 물려주려고 하자,
큰아들 신검과 다른 아들들이 화가 난 거예요.
신검은 아버지인 견훤을 절에 가두고 동생인 금강을 죽인 뒤 왕위에 올랐어요.
화가 난 견훤은 고려로 도망쳐 왕건에게 후백제를 공격해 달라고 부탁했지요.
결국 왕건과 견훤이 함께 후백제를 공격해 무너뜨렸어요.

고려가 후삼국을 통일했어요

마침내 고려의 왕건이 후삼국을 통일했어요.
과거 신라가 고구려와 백제를 무너뜨렸지만,
그때 고구려의 옛 땅에서 곧 발해가 세워졌지요.
그래서 실질적으로 우리 민족이 하나의 나라로 통일된 것은
고려가 처음이라고 할 수 있어요.
이때부터 우리 민족은 같은 역사와 문화를 나누는 공동체가 된 것이죠.

고려의 도읍, 개경

왕건은 고려의 도읍을 개경으로 정했어요.
지금은 북한에 위치한 개성이에요.
개경에는 왕이 사는 황궁 주위를 감싸고 있는 궁성과 궁성의 바깥으로 황성,
다시 그 바깥으로 일반 백성이 사는 곳까지 포함한 나성이 있었어요.
외적의 침입에 대비해 3겹으로 성을 쌓은 것이죠.

개경 안에는 수백 개의 절이 있어요

개경의 성곽 안에는 절이 아주 많았어요.
고려를 세운 왕건이 10개의 절을 세웠고,
그 뒤에도 광종, 현종, 문종 등 여러 왕이 세운 절이 수백 개나 되었지요.
그 절들 가운데 보제사가 가장 컸어요.
천 개의 건물을 품고 있는 보제사에는 60미터가 넘는 5층 목탑도 있었대요.

왕건은 부인이 29명이나 있었어요

왕건은 새롭게 지배하게 된 지역의 우두머리들을 같은 편으로 만들기 위해 자신의 성인 '왕' 씨를 내려 주거나, 그들의 딸과 결혼했어요. 그래서 왕건의 부인은 모두 29명이나 되었대요.

왕이 되기 위해 싸우는 아들들

왕건은 부인이 29명이나 있었기 때문에 아들도 아주 많았어요.
왕건의 아들들은 아버지의 뒤를 이어
고려를 차지하기 위해 치열한 경쟁을 벌였죠.
고려의 제2대 왕인 혜종, 제3대 왕인 정종,
제4대 왕인 광종은 모두 왕건의 아들이에요.
목숨을 건 왕위 다툼 속에 혜종과 정종은 젊은 나이에 세상을 떠나고 말았죠.
힘들게 왕위에 오른 광종은 강력한 왕권을 만들기 위해 많은 노력을 기울였어요.

광종의 노비안검법과 과거제

왕의 힘이 강력해야 한다고 생각한 광종은 노비안검법과 과거제를 실시했어요.
노비안검법은 억울하게 노비가 된 사람들을 풀어 주는 제도예요.
노비가 큰 재산이던 시절이니 노비를 풀어 주면 귀족들의 힘이 약해지겠죠.
또한, 과거라는 시험을 통해 유능한 사람을 관리로 뽑을 수 있었어요.
광종은 인재를 뽑아 자신의 정책을 뒷받침하는 세력으로 만들고 싶었던 거죠.

고려의 종교는 불교

왕건은 부처님 덕분에 고려를 건국할 수 있었다면서
곳곳에 절을 지으라고 유언했어요.
이에 따라 전국에 많은 절이 세워졌고,
삼국 시대부터 전해진 불교는 더욱 번창했지요.
제11대 왕 문종의 아들이 의천이라는 큰스님이 될 만큼
고려에서 불교는 매우 중요한 종교였어요.

불교의 큰 행사, 연등회

고려 시대에는 국가적으로 불교 행사도 크게 열었어요.
대표적인 행사가 연등회였지요.
매년 1월 15일이나 2월 15일에 많은 연등을 걸어
부처님의 가르침이 온 세상에 미치기를,
그리고 고려가 크게 발전하기를 기원했어요.

또 하나의 큰 잔치, 팔관회

고려에서는 부처님과 함께 하늘과
산천의 여러 신을 섬기는 팔관회도 크게 열었어요.
나라의 큰 축제였기 때문에 송나라는 물론
아라비아의 상인들까지 특산물을 갖고 와서 국제 무역이 이루어지기도 했지요.

팔관회에서는 무용과 노래, 재주놀이 등의 무대가 펼쳐졌어요.
또한, 포구락이라는 재미있는 무용이 있었다고 해요.
음악에 맞추어 노래하고 춤추다가 12명이 두 편으로 나뉘어
한 사람씩 장대에 매단 붉은색 주머니에 공을 집어넣는 놀이였지요.
승부에 진 사람의 얼굴에는 붓으로 먹칠을 했대요.

거란이 쳐들어와요

발해를 멸망시켰던 거란이 고려에도 쳐들어왔어요.
거란이 고려에 사신을 보냈지만,
왕건은 발해를 멸망시킨 거란을 비난하며 외교 관계를 맺지 않았거든요.
고려 초기 최대의 위기가 닥쳐온 거예요.

우리 역사상 최고의 외교관, 서희

993년에 거란은 자신들이 옛 고구려 땅의 주인이라면서 쳐들어왔어요.
미처 전쟁을 준비하지 못했던 고려는
평양 북쪽의 땅을 넘겨주며 항복하려고 했지요.
그때 서희가 협상을 해보자며 나섰어요.
거란의 장군을 만난 서희는 고려가 고구려의 뒤를 이은 나라라고 설득했어요.
또한, 중간에서 길을 막고 있는 여진을 몰아낸다면
거란과 교류하겠다고 말했지요.
그렇게 협상만으로 거란의 대군을 물리친 서희는
우리 역사상 최고의 외교관으로 손꼽혀요.

강감찬 장군이 거란을 물리쳤어요

이후에도 거란은 고려를 계속 쳐들어왔어요.
왕이 피난을 가고 개경까지 불타는 등 피해가 컸지만, 고려는 잘 버텨 냈어요.
1018년 거란이 침입했을 때에는 강감찬 장군이 큰 승리를 이끌기도 했지요.
거란 군사들이 지나갈 곳을 예측해 소가죽으로 강물을 막아 두었다가,
거란군이 지나가는 순간 한꺼번에 흘려 우왕좌왕하는 적들을 물리쳤거든요.

안정을 찾은 고려

고려를 계속 침입하던 거란도 지치고,
고려도 거란의 공격을 언제까지나 막아 낼 수는 없다고 판단했어요.
그래서 두 나라는 전쟁을 끝내기로 약속하고 외교 관계를 맺었지요.
이제 고려는 안정을 찾고 발전하기 시작해요.

힘센 가문, 문벌 귀족

고려 사회가 안정을 찾아가면서 힘 있는 가문들이 생겨났어요.
몇몇 가문들이 높은 벼슬을 독차지하고,
왕실과 소수의 가문끼리 결혼을 통해 권력을 단단히 다져 나갔지요.
고려 시대 때 위세를 떨친 이런 가문들을 문벌 귀족이라고 해요.

인종 대 이자겸

문벌 귀족의 힘이 지나치게 강해져 왕의 자리까지 위협하는 일이 벌어졌어요.
고려의 제17대 왕인 인종은 가장 힘센 문벌 귀족인
이자겸에게 벌을 내리려 했지요.
그러다 궁궐이 불타고 목숨까지 잃을 뻔한 위기를 겪기도 했지만,
다행히 이자겸과 한패인 척준경을 설득하여 이자겸을 몰아낼 수 있었어요.

서경으로 도읍을 옮기자는 묘청의 주장

궁궐이 불에 타고 왕의 목숨이 위협받는 상황을 겪으면서
고려가 다시 새로워져야 한다고 주장하는 사람들이 생겨났어요.
승려였던 묘청은 도읍을 서경으로 옮겨야 한다고 주장했어요.
이미 문벌 귀족들이 세력을 잡고 있던 개경이 아닌
새로운 곳에서 새롭게 시작해야 한다고 생각한 거예요.

왕도 처음에는 묘청의 주장에 귀를 기울였지만,
귀족들이 설득하자 다시 마음을 돌렸어요.
그러자 묘청 세력은 서경에 새로운 나라를 세웠어요.
새로운 왕을 세우지는 않고, 고려의 왕이 자신들을 찾아오기를 기다렸지요.
그러나 왕은 군사를 보내 이들을 잡아들이라 했어요.
묘청과 뜻을 같이했던 사람들은 목숨을 잃거나 잡혔고,
서경에 있던 백성들도 일 년 정도 버티다가 끝내 잡히고 말았죠.

서경파 대 개경파

묘청이 개경의 문벌 귀족들을 비난한 데에는 또 다른 이유가 있었어요.
갑자기 힘을 키운 여진이 금나라를 세운 뒤,
고려에 자신들을 섬기라고 요구했거든요.
이때 이미 권력을 누리고 있던 개경의 귀족들은 자신들의 안정을 위해
금나라의 요구를 그냥 받아들인 거예요.
묘청을 비롯한 서경의 귀족들은 개경의 귀족들에게 반발하며
금나라로 쳐들어가자고 주장했지만, 결국 그 뜻을 이루지 못했지요.

김부식의 『삼국사기』

개경의 귀족을 대표해서 묘청 세력을 몰아낸 사람은 김부식이에요.
고려의 유명한 학자이기도 한 김부식은
고구려, 백제, 신라의 역사를 정리한 『삼국사기』를 쓰기도 했어요.
이 책은 현재 우리나라에 전해 내려오는 가장 오래된 역사책이에요.
삼국 시대에도 역사책을 썼다는 기록이 있지만,
아쉽게도 현재까지 전하지 않고 있어요.

호화로운 문벌 귀족의 집

문벌 귀족들은 매우 호화로운 생활을 했어요.
고려 초기 가장 큰 권력을 누렸던 이자겸의 집은
화초 무늬로 장식한 높은 담장 안에 수백 칸의 건물이 빽빽이 서 있었대요.
벽마다 금색 분으로 온갖 그림을 그렸고,
흙벽과 나무에는 비단을 붙이기도 했어요.

침대와 탁자를 사용해요

고려 시대 귀족들은 침대에서 잠을 잤어요.
의자에 앉아 탁자 위에서 밥을 먹고 차를 마셨고요.
숯이나 나무를 아낌없이 사용해서 방 전체를 따뜻하게 덥힐 수 있었거든요.

신분은 양인과 천인으로 나뉘어요

고려 시대의 신분은 크게 양인과 천인으로 나뉘었어요.
양인은 다시 귀족, 중류층, 양민으로 나뉘어요.
천인은 노비가 대부분을 차지했어요.
소나 돼지를 잡는 화척, 광대인 재인, 그리고 무당들도 천인이에요.

양인끼리도 차이가 있어요

같은 양인이라고 해도 문벌 귀족과 농민은 그 차이가 컸어요.
권력과 재산을 가졌던 문벌 귀족은 벼슬을 하며 호화롭게 살았지만,
농민은 농사를 짓고 세금을 내느라 공부할 시간과 돈이 없었어요.
과거 시험을 볼 수 있다고 해도 문벌 귀족이 아닌 농민이
과거에 합격해 벼슬길에 나아가는 일은 힘들었어요.

백성 대부분은 농민

고려의 백성들 대부분은 농민이었어요.
농사를 지어 나라에 세금을 내고,
정해진 기간에 나라를 지키는 일도 해야 했지요.

농부들은 초가집에 살아요

문벌 귀족의 집은 호화로운 기와집이었지만,
농부들의 집은 초가집이었어요.
방, 부엌, 창고가 벽으로 구분되지 않고 한 공간 안에 있었어요.
아궁이와 방이 연결되어 있어 음식을 만들기 위해 부엌에 불을 때면
그 열이 방바닥을 덥힐 수 있도록 만들었대요.
연료를 아껴야 해서 같은 불로 밥도 짓고, 방도 덥힌 것이죠.

고기보다는 채소를 먹어요

고려는 불교를 믿는 나라였고, 불교에서는 동물을 죽이지 못하도록 했어요.
따라서 고려에서는 고기보다 채소를 많이 먹었어요.
오이, 가지, 무, 아욱, 박 같은 채소를 주로 먹었대요.

밥과 국, 김치

고려 시대 상차림의 기본은 밥과 국이었어요.
아욱국, 토란국 등을 많이 먹었지요.
그리고 무를 소금에 절였다가 먹는 김치가 있었어요.
아직 고춧가루는 없었지만, 마늘과 파 등으로 양념해서 먹기도 했어요.

다양한 별미 간식들

찰밥에 기름과 꿀을 섞고, 잣·밤·대추를 얹어서 만든
약밥은 최고의 별식이에요.
백설기, 쑥 시루떡, 유밀과, 다식 등의 과자도 있었고요.
어른들은 도소주, 배꽃술과 유차, 뇌원차 등 다양한 술과 차를 즐겼지요.
특히 고려 시대에는 차 마시는 풍습이 유행했어요.
손님이 오시면 차를 대접하고, 제사를 지낼 때도 차를 올렸지요.

부자들은 비단옷을 입어요

고려 시대의 왕족과 귀족들은 중국에서 들여온 비단으로 옷을 지어 입었어요. 신라 시대에는 귀족들만 비단옷을 입었지만, 고려 시대에는 의복의 사치가 심해져서 귀족 말고 다른 계층에서도 비단옷을 입어 문제가 되기도 했대요. 부자들은 비단옷뿐만 아니라, 비단 커튼을 단 방에서 비단 이불을 덮고 잤어요.

귀부인들의 옷

고려 귀부인들은 저고리 위에 치마를 입고,
그 위에 소매 없는 '반비'라는 겉옷을 걸쳤어요.
어깨에는 폭이 좁고 긴 비단 스카프를 둘렀고요.
여기에 오색 비단 끈에 금방울을 매달고, 비단으로 만든 향주머니를 달았지요.
외출할 때는 '몽수'라는 검은색 너울을 쓰고 다녔대요.

고려 귀부인들의 화장

고려 시대 귀부인들은 자신의 머리 위에 가발을 올렸어요.
머리숱이 많아 보이고 싶었거든요.
또 청동 거울을 보며 화장수와 화장분을 사용하기도 했어요.
은반지와 금 장신구 등으로 화려한 멋을 내기도 했고요.

결혼을 하면 신부의 집에서 살아요

결혼을 하면 주로 남자가 여자의 집으로 와서 살았어요.
그러다 보니 아이가 태어나도 대부분 외가에서 자랐지요.
그래서 고려 시대 사람들의 고향은
보통 자신이 태어나고 자란 외가인 경우가 많아요.

이혼도 재혼도 할 수 있어요

조선 시대에는 여자가 이혼하거나 재혼할 수 없었어요.
하지만 고려 시대에는 이혼하더라도 자신의 집으로 돌아가서
부모와 함께 살다가 떳떳하게 재혼할 수 있었어요.
조선 시대의 여자는 결혼하면 남편 쪽 사람이 되었지만,
고려 시대의 여자는 결혼해도 여전히 부인 쪽 가족이라고 생각했거든요.

시장이 번창했어요

고려 시대의 수도인 개경에는 시전이 설치되어 활발하게 물건을 사고팔았어요.
시전이란 시장의 가게를 말해요.
곡식을 파는 가게도 있었고, 옷감, 종이, 도자기, 만두를 파는 가게도 있었대요.

화폐를 만들었어요

물건을 사고파는 일들이 많아지자 화폐를 만들어 사용하기 시작했어요.
중국의 영향을 받아 삼한통보, 해동통보 같은 동전을 만들었어요.
하지만 활발히 사용하지는 않았어요.
일반 백성들은 낯선 화폐보다 쌀과 삼베를 주고받는 게 편했거든요.

고려의 무역 항구, 벽란도

고려 시대 벽란도에는 세계 여러 나라의 배들이 드나들었어요.
벽란도는 예성강가에 있는 항구예요.
예성강의 물이 깊어 바닷길을 건너온 배들이 벽란도까지 도착할 수 있었지요.
또한, 수도인 개경과 가까워서 국제적인 무역 항구로 발전했어요.
송나라를 비롯한 외국의 상인들은 벽란도에 모여 많은 물건을 사고팔았대요.

국제 무역도 활발했어요

고려 시대에는 거란이나 여진과도 물건을 사고팔았지만,
주로 송나라와 무역을 많이 했어요.
금, 은, 인삼, 종이, 먹 등을 팔고, 비단, 책, 도자기, 약재 등을 사들였지요.
주로 바닷길을 이용해 배를 타고 다니며 송나라와 무역을 했어요.
송나라 상인들이 가장 좋아한 고려의 물건은 인삼이었어요.
고려 인삼은 약효가 뛰어나기로 소문난 귀한 약재였지요.
그 외에 종이와 먹도 품질이 좋은 고려의 수출품이었대요.

아름다운 고려청자

고려 시대의 청자는 지금까지도 세계적인 예술품으로 인정받고 있어요.
청자는 푸른빛을 띠는 자기를 말해요.
흙으로 빚어 구운 그릇에 유리 성분이 있는 잿물을 입혀
아주 높은 온도에서 다시 구워 내지요.
고려 초기에 중국의 영향을 받아 도자기를 만들기 시작했는데,
기술이 워낙 뛰어나 중국에서도 고려의 청자를 '천하제일'이라고 했대요.

고려청자로 만든 물건들

고려청자로 아름다운 병이나 접시 같은 그릇만 만든 것은 아니에요.
도자기 만드는 기술이 뛰어났던 고려는
청자로 베개도 만들고, 의자, 촛대, 향로, 바둑판, 기와까지 만들었어요.
고려의 귀족들은 매우 화려한 생활을 했던 것 같아요.

나전 칠기

나전 칠기는 청자와 함께 고려의 아름다움을 엿볼 수 있는 예술품이에요.
나전은 반짝반짝 빛나는 조개껍데기를 얇게 붙여 장식하는 것을 말해요.
집 안을 꾸미는 예쁜 장식품뿐만 아니라, 나전으로 말 안장을 만들기도 했대요.

나라를 다스리는 원칙은 유교를 따랐어요

고려는 불교를 믿는 나라였지만, 나라를 다스리는 원칙은 유교를 따랐어요.
국가에 대한 충성과 왕의 권위를 중요하게 생각하는 유교를
고려 초기부터 받아들였죠.
그래서 관리가 되려면 유교 경전을 공부해야 했어요.

관리는 9시에 출근해서 5시에 퇴근해요

고려 시대 관리들은 보통 오전 9시에 출근해서 오후 5시에 퇴근했어요.
여름에는 오전 7시에 출근하기도 했지만요.
당시에는 월, 화, 수, 목, 금, 토, 일 같은 요일이 없어서
매달 1일, 8일, 15일, 23일에 쉬었대요.
설날, 추석, 팔관회, 연등회 등 일 년에 54일 정도의 휴가가 있었고요.

아오 신나!

관리들은 땅과 곡물을 받아요

관리들은 나랏일을 하는 대가로 땅과 곡물을 받았어요.
관직이 높을수록 많은 땅을 받았고, 곡물도 많이 받았어요.
곡물은 주로 쌀과 보리를 일 년에 두 번 주었는데,
삼베와 비단을 주는 경우도 있었대요.

국립학교와 사립학교

관리가 되려면 유교 경전을 공부해야 했어요.
고려를 세운 왕건 때부터 학교가 있었고,
성종도 국자감이라는 국립학교를 세웠어요.
하지만 유명한 학자들을 스승으로 모신 사립학교가 더 인기가 많았대요.
그중에서도 최충이 세운 문헌공도라는 학교가 가장 유명했어요.

과거 시험 과목은 무엇이었을까?

고려 광종 때부터는 과거 시험을 통해 관리들을 뽑았다고 했지요.
무슨 과목을 시험 보았을까요?
먼저 유교 경전을 얼마나 잘 이해했는지 알아보는 시험과
한문으로 글짓기를 얼마나 잘하는지 알아보는 시험이 있었어요.
지리, 수학, 의학, 법률 등과 같은 과목들에 대한 시험도 있었고요.

무과 시험은 없어요

과거 시험에는 군인들을 뽑는 무과 시험이 없었어요.
보통 정치를 하는 관리를 문신이라고 하고,
나라를 지키는 관리를 무신이라고 해요.
고려 시대 때 문신은 시험을 통해 뽑았지만,
무신은 군인 중에 능력이 뛰어난 사람을 뽑거나
대대로 무신 집안인 사람을 뽑았어요.
정식으로 뽑지 않다 보니 무신의 지위가 문신보다 낮았지요.

화가 난 무신들

무신은 문신보다 지위가 낮았기 때문에 무시당하는 일이 많았어요.
문신들을 향한 무신들의 불만이 쌓여 갔죠.
그러다 고려 제18대 왕인 의종 때,
젊은 문신 한뢰가 나이 든 무신의 뺨을 때렸어요.
이 일을 계기로 오랜 시간 쌓였던 무신들의 불만이 폭발했지요.
무신들의 반란이 시작된 거예요.

문신들을 죽이고 왕까지 죽였어요

화가 난 무신들은 수십 명의 문신을 죽이고 의종까지 처형했어요.
그리고 의종의 동생을 새 왕으로 세웠죠.
이렇게 고려는 무신들의 세상이 되었고,
이후 100년 동안이나 무신 정권이 이어졌어요.

무신들이 나라를 다스려요

무신들이 정권을 잡은 뒤, 한동안은 최고 권력자가 계속 바뀌었어요.
천민 출신 불량배가 힘이 세다는 이유로 군인이 되었다가
최고 권력자가 되기도 했지요.
비록 왕은 있었지만 허수아비와 같았고,
무신들끼리 권력 다툼을 벌이는 바람에 백성의 삶은 더 힘들어졌어요.

백성들이 반란을 일으켜요

견디다 못한 백성들이 반란을 일으키기 시작했어요.
전국 곳곳에서 농민들이 반란을 일으켜 못된 관리들을 혼내 주었어요.
또한, 만적이라는 노비는
"왕이나 귀족의 씨가 따로 있느냐? 우리도 한번 세상을 바꿔 보자."라며,
노비들을 모아 무신 정권을 몰아내려고 했었죠.

몽골이 쳐들어왔어요

무신들이 고려의 정권을 잡고 있는 동안,
몽골에서는 칭기즈 칸이 거대한 나라를 세웠어요.
몽골은 세계에서 가장 큰 제국으로 성장하며
인도, 아라비아를 거쳐 유럽까지 쳐들어갔지요.
고려도 몽골의 침입을 받아 많은 백성이 엄청난 피해를 입었어요.

강화도로 피난을 가요

무신 정권은 몽골의 침입을 피해 강화도로 수도를 옮겼어요.
초원에 사는 몽골인들이 바다에 익숙하지 않을 거라고 생각한 거예요.
그런데 강화도는 작은 섬이라서 모든 백성이 옮겨갈 수는 없었어요.
왕과 귀족들은 강화도로 도망쳤지만,
수많은 백성이 몽골 군사들의 말발굽에 그대로 짓밟혀야 했어요.

팔만대장경

몽골이 침입하자 고려는 팔만대장경을 만들었어요.
대장경은 부처님의 말씀을 모은 경전을 말해요.
고려 사람들은 부처님의 힘으로 몽골을 물리치기 위해
팔만 장이 넘는 나무판에 정성을 다해 부처님의 말씀을 새겼지요.
이때 만들어진 팔만대장경은 오늘날 남아 있는 가장 오래된 대장경판이에요.
현재 해인사에 보관되어 있어요.

인쇄 기술이 발달했어요

팔만대장경을 만들 수 있을 만큼 고려는 인쇄술이 발달했어요.
그런데 나무판에 내용을 한번 새기고 난 후,
다른 내용을 인쇄하려면 나무판을 새로 만들어야 했어요.
또 나무판은 쉽게 무르기도 했고요.
그래서 금속으로 활자를 만드는 방법을 연구했지요.
단단한 금속을 녹인 다음, 글자 모양대로 한 글자씩 굳혀서 만드는 거예요.
이제 필요할 때마다 활자를 꺼내서 사용할 수 있게 된 것이죠.

세계에서 가장 오래된 금속 활자, 직지심체요절

고려는 12세기에 이미 금속 활자를 사용하기 시작했어요.
13세기에 『상정고금예문』이라는 책을 금속 활자로 찍어 냈다는 기록이 전하고,
1377년에 인쇄한 『직지심체요절』은 지금까지 전하고 있지요.
『직지심체요절』은 세계에서 가장 오래된 금속 활자 인쇄물이에요.

몽골군과 맞서 싸우는 삼별초

전쟁이 계속되자 고려와 몽골은 점점 지쳐 갔어요.
몽골은 고려를 멸망시키지 않을 테니
고려 태자가 몽골로 와서 강화 조약을 맺자고 제안했지요.
강화 조약이란 더 이상 전쟁을 하지 말자는 약속을 말해요.
고려의 왕은 몽골의 제안을 받아들였지만, 무신 정권의 군대였던 삼별초는
왕에게 반대하며 끝까지 몽골군과 싸울 것을 다짐했어요.
삼별초는 강화도를 떠나 진도, 제주도로 옮겨 가며
몽골군과 싸우다 결국 모두 세상을 떠났어요.

원나라의 지배

고려의 왕과 정부는 몽골과 강화 조약을 맺고 개경으로 돌아왔어요.
고려라는 나라는 유지할 수 있었지만,
이제 몽골이 세운 원나라의 지배를 받게 되었지요.
원나라는 고려에 많은 걸 요구하기 시작했어요.

원나라의 사위가 된 고려의 왕

원나라는 고려의 태자와 몽골 공주를 결혼시켜
고려의 왕을 원나라의 사위로 만들었어요.
고려의 정치에 간섭하기 위한 속셈이었죠.
심지어 고려의 왕을 마음대로 바꾸기도 했어요.
고려의 왕 이름 앞에는 '충'자를 붙여 원나라에 충성한다는 의미를 담게 했고요.
또한, 사냥용 매, 인삼, 금 등을 보내라고 요구했고,
고려의 여자들과 젊은이들을 데려가기도 했지요.

원나라 황후가 된 고려의 여인, 기황후

원나라의 요구로 몽골에 끌려간 여성들을 공녀라고 했어요.
이들은 원나라 궁궐의 궁녀가 되거나 귀족들의 시녀가 되었어요.
그런데 공녀 중에 아름답고 영리하여 원나라 황후가 된 사람이 있어요.
원나라 순제의 총애를 받아 황후의 자리에 오른 기황후예요.
기황후의 아들은 훗날 원나라 황제가 되었지만,
얼마 뒤 원나라가 망해서 그 영화가 오래가지는 못했어요.

만두와 설렁탕

고려 사람들은 불교를 믿었기 때문에 고기를 많이 먹지 않았어요.
그러다 원나라의 영향을 받으면서 바뀌기 시작했지요.
몽골 사람들이 많이 먹던 만두를 고려에서도 먹기 시작했고,
우리가 오늘날 자주 먹는 설렁탕도 초원을 떠돌던 몽골 사람들이
양을 물에 넣고 끓여 먹던 데서 유래했다고 해요.

원나라를 등에 업은 권문세족

고려에서 원나라의 영향력이 커지자,
몽골의 말을 배우고 그들과 친하게 지내며 권력을 차지한 귀족들이 생겨났어요.
권문세족이라 불리는 이들은 원나라를 등에 업고
고려의 정치를 좌지우지하며 자신들의 이익을 추구했지요.

일연 스님이 지은 『삼국유사』

고려가 큰 어려움을 겪자 일연 스님은 『삼국유사』라는 책을 썼어요.
유학자 김부식이 썼던 『삼국사기』가 국가의 역사를 체계적으로 기록한 책이라면,
『삼국유사』는 백성들 사이에서 전해 내려오는 이야기가 많이 나오는 책이에요.
고조선의 건국 이야기인 단군 신화가 최초로 실려 있는 역사책이기도 하고요.
일연 스님은 우리 민족에게도 중국 못지않은
오랜 역사와 전통이 있다는 걸 알리기 위해 『삼국유사』를 썼대요.

공민왕의 개혁

고려의 제31대 왕인 공민왕은 원나라의 지배에서 벗어나고자 개혁을 실시했어요.
자신을 따르는 새로운 관리들을 뽑아,
원나라와 손잡은 권문세족에게 맞서게 한 거예요.
다행히 그 무렵 원나라의 세력이 약해지고 있었지만,
부귀영화를 누리던 권문세족들은 크게 반발했어요.

솜이불을 덮기 시작해요

원나라에 사신으로 갔던 문익점은 고려로 돌아올 때
목화씨 몇 개를 숨겨서 가져왔어요.
원나라에서 하얀 솜을 매달고 있는 목화를 발견하자,
추위에 떨고 있는 고려의 백성이 생각난 거예요.
고향으로 내려온 문익점은 갖은 노력 끝에 많은 양의 목화를 길러 냈어요.
그때부터 고려의 백성들은 따뜻한 옷을 입고 솜이불을 덮을 수 있게 됐지요.

신진 사대부 대 권문세족

공민왕이 죽은 뒤, 다시 권문세족이 활개 치는 세상이 되었어요.
하지만 공민왕 때 새롭게 뽑힌 젊은 관리들은
권문세족에게 맞서며 고려를 개혁하려고 했어요.
이들을 신진 사대부라고 해요.

최영과 이성계

당시 고려의 큰 골칫거리는 일본 해적들인 왜구들이었어요.
왜구들이 시시때때로 육지 깊숙한 곳까지 쳐들어와 백성의 피해가 컸거든요.
다행히 최영 장군과 이성계 장군이
왜구를 크게 물리쳐 백성의 걱정을 덜어 주었어요.

화약을 만든 최무선

왜구의 침입으로 피해가 커지자, 최무선은 화약을 만들어야겠다고 생각했어요.
오랜 연구 끝에 화약을 만드는 데 성공한 최무선은
고려 조정에 관청을 만들어 달라고 했어요.
그곳에서 화약을 이용하는 새로운 무기들을 만들고,
왜구를 물리치는 공격에 부대장으로 나서기도 했어요.
최무선 덕분에 고려의 바닷가에서 왜구를 물리칠 수 있었지요.

명나라와 전쟁을 해야 할까?

중국에서는 원나라가 북쪽으로 밀려가고, 명나라가 세워져 성장하고 있었어요.
명나라가 압록강 부근의 땅을 내놓으라고 하자,
고려의 관리들은 명나라와 전쟁을 해야 한다는 무리와
반대하는 무리로 나뉘었어요.
원나라와 친했던 권문세족은 전쟁을 찬성했고,
신진 사대부들은 신중히 생각해야 한다고 주장했죠.

위화도에서 돌아온 이성계

신진 사대부보다 권문세족의 힘이 더 셌기 때문에 고려는 전쟁을 하기로 했어요.
이성계 장군이 군대를 이끌고 명나라로 떠나게 되었죠.
하지만 처음부터 명나라와의 전쟁을 반대했던 이성계는
압록강의 위화도에서 군대를 돌려 고려로 돌아왔어요.
명나라와 전쟁을 하는 대신에 권문세족을 몰아내기로 한 거예요.

새로운 세력

위화도에서 돌아온 이성계는 권문세족을 몰아낸 뒤 권력을 잡았어요.
이제 이성계와 신진 사대부들은 개혁을 시작했어요.
그런데 어떻게 개혁을 해야 하느냐에 대한 생각들이 서로 달랐어요.
고려를 그대로 두고 제도만 바꿔야 한다는 사람들이 있었고,
고려는 이미 너무 낡았으니 새로운 나라를 세워야 한다는 사람들이 있었죠.

고려의 왕이 이성계에게 왕위를 넘겨주었어요

위화도에서 돌아온 이성계에게 이미 고려의 모든 권력은 집중되었어요.
왕은 그저 허수아비일 뿐이었죠.
이성계는 서두르지 않고 차근차근 사람들을 설득하고 제도를 바꿨어요.
1392년에 고려의 공양왕은 이성계에게 왕위를 넘겼어요.
이렇게 고려는 474년의 역사를 끝냈지요.

호기심의 한국사 노트
고려 시대

왕건이 후삼국을 통일하고 고려를 세웠다.

고려 초기 거란의 침입으로 큰 위기를 맞았으나 잘 극복해 냈다.

문신과 무신의 차별이 심해 무신의 난이 일어났다.

이 소리야!
사각! 사각!

원나라의 침입을 부처님의 힘으로 물리치기 위해 팔만대장경을 만들었다.

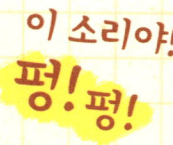

이 소리야!
펑! 펑!

최무선이 화약과 여러 무기를 만들어 왜구를 물리쳤다.

왕건의 유언에 따라
연등회와 팔관회를 크게 열었다.

벽란도를 통해
국제 무역이 활발히 이루어졌다.

고려청자와 나전 칠기는
고려의 아름다움을 보여 주는
최고의 문화재이다.

고려는 불교의 나라였지만, 나라를
다스리는 원칙은 유교를 따랐다.

힘을 잃은 고려의 왕이
이성계에게 왕위를 넘겨주면서
고려는 역사 속으로 사라졌다.

"아하!
 왜 그런 소리가 나는지 이제 알겠어!"

501호 고려 시대 사람들과 함께 찰칵!

501호 고려 시대 이야기 끝 >>>